# LA MAISON DES HO[illegible]RS



*Les pauvres [illegible]ants de Bouzonville ne peuvent pas échapper à leurs méchants voisins. Quand ils pensent avoir résolu un problème, un autre arrive. Un cruel destin persécute tous les habitants de cette ville. Arriveront-ils au bout de leur peine ou devront-ils vivre pour toujours avec leur fardeau ?*

*D'APRÈS UNE IDÉE DE* LUCY HUGHES
*TEXTE, EXERCICES ET NOTES* NADETTE HUTIN
*DESSINS* GINETTE NICOLET
*EDITING* LUCILLE DUPONT

**PREMIÈRES LECTURES**

DANS UN PETIT LIVRE,
DES HISTOIRES FACILES À LIRE
ET TRÈS AMUSANTES!

*La Spiga languages*

# LA MAISON DES HORREURS

À Bouzonville, il y a de sympathiques petites[1] maisons entourées de petits jardins[2] où habitent des personnes de petite taille.
Mais, au numéro trente-deux, il y a la maison des horreurs.

1. *petit* *grand*

2. *jardin*

## ACTIVITÉ

✎ **Insère les prépositions suivantes : *dans, en*.**

Les enfants jouent **dans** la cabane **en** fin d'après-midi.

- Les fleurs sont .............. le vase sur la table.
- Les garçons partent .............. vacances .............. les Pyrénées orientales.
- Les ouvriers voyagent .............. toute sécurité .............. leur autobus.
- Nous avons décidé .............. toute tranquillité de partir .............. le Midi pour les vacances.
- .............. quelques jours, nos cousins arrivent .............. avion.
- Mon frère fête son anniversaire .............. quelques jours .............. famille avec beaucoup de plaisir.

C'est la maison de la famille Horreur. Le jardin est plein de déchets[1], la maison est sale[2] et a une odeur désagréable[3]. Les habitants de cette maison sont horripilants, horribles et horrifiants.

1. *déchets*

2. *sale*

3. *odeur désagréable*

## ACTIVITÉ

**Invente des mots avec les suffixes et les préfixes suivants.**

| | |
|---|---|
| Horr........................ | ........................eur |
| ................................ | ................................ |
| Terr......................... | ....................tifique |
| ................................ | ................................ |
| Fan ......................... | ........................ible |
| ................................ | ................................ |
| Scien ...................... | ........................able |
| ................................ | ................................ |
| Désa....................... | .................tastique |
| ................................ | ................................ |
| Sym ....................... | ......................tique |
| ................................ | ................................ |

1. *barbe*

2. *alcoolique*

Papa Horreur est petit, gros et affreux. Il a une barbe[1] et il est alcoolique[2]. Il est assis devant la télévision toute la journée.

3. *moustaches*

4. *crier*

Grand-mère Horreur est grande, maigre et laide. Elle n'a pas de barbe mais des moustaches[3]. Maman Horreur passe sa journée à lire des romans et à crier[4] à ses enfants Hortense et Horace.

## ACTIVITÉ

✎ **Fais un dessin de Papa et Grand-mère Horreur.**

1. *feu*

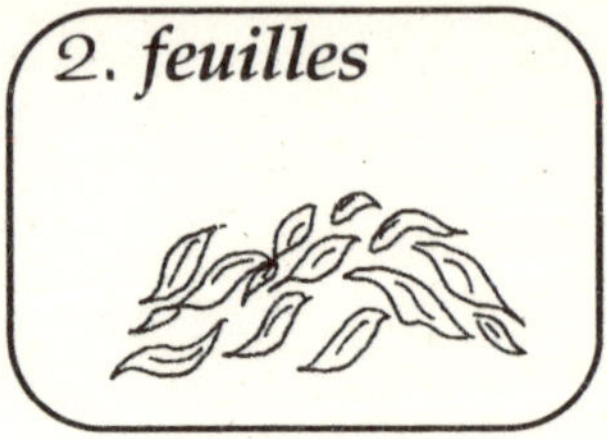
2. *feuilles*

Ce sont les pires voisins pour les habitants. Ils écoutent de la musique à haut volume à deux heures du matin. Les enfants jouent au ballon dans la rue et endommagent les voitures garées. Papa Horreur aime faire du feu[1] avec des feuilles[2] mouillées[3] et il peut ainsi les faire tous tousser[4] avec la fumée.

3. *mouillé*

4. *tousser*

## ACTIVITÉ

✎ **Réponds aux questions selon l'exemple.**

Dans quelle ville se trouve la maison de la famille Horreur?

La maison de la famille Horreur se trouve à Bouzonville.

Comment s'appelle ta ville?

..........................................................................

Comment est composée ta famille?

..........................................................................

Quel est le nom de ta sœur ou de ton frère?

..........................................................................

Quel est le sport que tu préfères?

..........................................................................

As-tu des animaux domestiques chez toi?

..........................................................................

Connais-tu des chanteurs français?

..........................................................................

Tous les voisins protestent mais la famille Horreur ne les écoute jamais. Les Horreur ne font pas attention aux habitants qui les haïssent.
Ils permettent à leur chien Filou de laisser… des " messages "[1] devant les maisons des habitants ; Hortense et Horace volent[2] des pommes et cueillent les fleurs dans les jardins des voisins.

1. ***message***

2. ***voler***

## ACTIVITÉ

✎ **Ajoute un autre mot à la liste.**

Pomme, poire, cerise, orange, ..................

Chien, chat, souris, lapin, ..........................

Fleurs, plantes, buisson, herbe, ................

Rue, Avenue, jardin, boulevard, ................

Amour, joie, plaisir, bonheur, ......................

Proche, opposé, loin, suivant, ....................

Voiture, avion, train, moto, .........................

Paris, Londres, Rome, Tokyo, ...................

France, Suède, Chine, Suisse, .................

Maths, gym, latin, histoire, ........................

Midi, matin, après-midi, nuit, ......................

Les voisins sont en colère[1] avec la famille Horreur et ils font une réunion pour trouver des solutions à leurs problèmes.
Monsieur Henri, qui habite au numéro trente-quatre, a une idée. Il suggère d'inviter la famille Terreur à aller vivre près de[2] la famille Horreur pendant un mois[3]. " Les Terreur leur donneront une bonne leçon ! " pense-t-il.

## ACTIVITÉ

✎ **Remets les mots dans le bon ordre.**

en colère / sont / les / famille / voisins / avec / la / Horreur

..........................................................................

réunion / ils / pour / des / font / une / trouver / à / problèmes / solutions / leurs

..........................................................................

..........................................................................

Henri / habite / Monsieur / numéro / qui / au / trente-quatre / idée / une / a

..........................................................................

..........................................................................

Terreur / d' / suggère / inviter / il / famille / la

..........................................................................

donneront / bonne / Terreur / une / leur / les / leçon

..........................................................................

..........................................................................

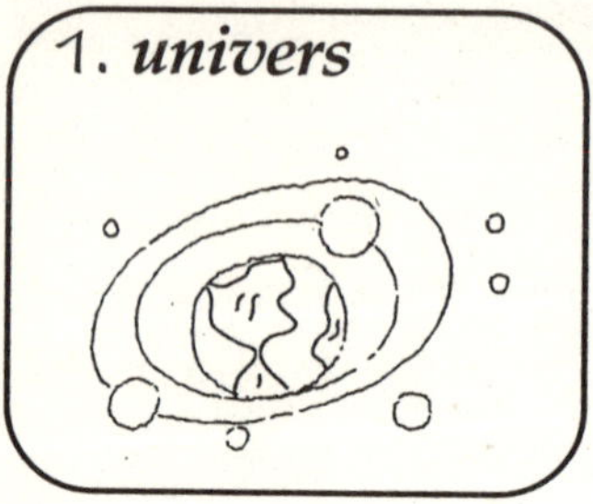

La famille Terreur est connue pour être le voisin le plus terrible de l'univers[1]. Elle a toujours eu des problèmes pour trouver[2] une maison car personne ne veut d'elle. Ainsi, elle a accepté l'offre avec joie et est allée vivre au numéro trente pendant un mois.

## ACTIVITÉ

✎ **Mets les phrases à la forme négative.**

Les habitants sont contents de leurs voisins.

..............................................................................

C'est une très jolie ville près de la mer.

..............................................................................

Les enfants aiment beaucoup jouer au ballon.

..............................................................................

Les maisons sont toutes identiques et elles ont toutes le même jardin.

..............................................................................

Les habitants ont beaucoup de chance d'avoir la famille Terreur comme voisin.

..............................................................................

Ce sont des personnes très respectueuses.

..............................................................................

C'est la famille la plus terrible. Monsieur Terreur est grand, chauve[1] et il porte toujours une combinaison[2] très sale.

Madame Terreur est petite, blonde et elle aime chanter de la musique pop. Les enfants Terreur, Thérèse et Terry, sont terriblement sales et ils ne vont pas à l'école. Grand-père Terreur aime les serpents : il a un boa appelé Slisli.

## ACTIVITÉ

✎ **Décris ta famille.**

Mon père est ........................................ et toujours ................................................ .
Ma mère est .......................................... et elle aime ................................................ .
Mon frère/ma sœur est .......................... et n'est jamais ............................................ .
Mon grand-père et ma grand-mère sont ...................... et ont .............................. .

✎ **Fais une photo de ta famille et colle-la dans le rectangle.**

1. *plat* *gonflé*

Le premier jour la famille Horreur joue de la musique jusqu'à deux heures du matin, mais Mme Terreur continue à chanter du pop toute la nuit.
Le jour suivant, Horace et Hortense ne trouvent plus leur ballon.
Finalement, ils le trouvent dans le jardin de la famille Terreur, plat[1] comme une omelette.

## ACTIVITÉ

✎ **Relie la colonne de gauche avec celle de droite.**

| | |
|---|---|
| Laid comme | un mendiant |
| Pauvre comme | la lumière |
| Rapide comme | la baleine |
| Grand comme | le ciel |
| Belle comme | le bœuf |
| Bleu comme | le mensonge |
| Noire comme | la princesse |
| Fort comme | la nuit |

✎ **Connais-tu d'autres similitudes* ?**

..............................................................................

..............................................................................

* " Laid comme le mensonge " est une similitude.

1. *éventail*

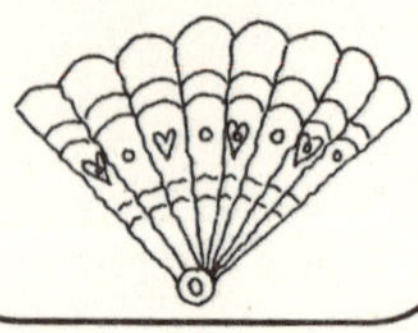

2. *souffler*

Le samedi après-midi, comme d'habitude, Monsieur Horreur fait ses feux, mais les enfants Terreur utilisent un grand éventail[1] pour souffler[2] la fumée vers la maison des Horreur. Toute la famille court dans le jardin en toussant.
La famille Terreur est joyeuse !

## ACTIVITÉ

✎ **Utilise les expressions de la page 19 et invente des phrases.**

Mon père est aussi fort qu'un bœuf.

..................................................................................

..................................................................................

..................................................................................

..................................................................................

..................................................................................

..................................................................................

..................................................................................

..................................................................................

..................................................................................

..................................................................................

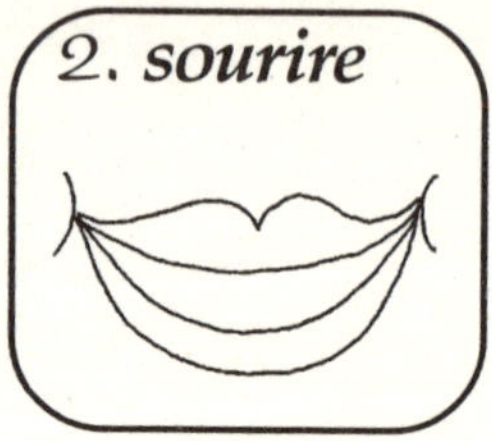

Filou continue à laisser ses " messages " devant la maison des Terreur. Mais un jour il ne rentre pas à la maison. Quand Horace et Hortense vont le chercher… ils voient un long[1] serpent avec un large sourire[2] et l'estomac bien plein[3].

## ACTIVITÉ

✎ **Relie les numéros et découvre le dessin.**

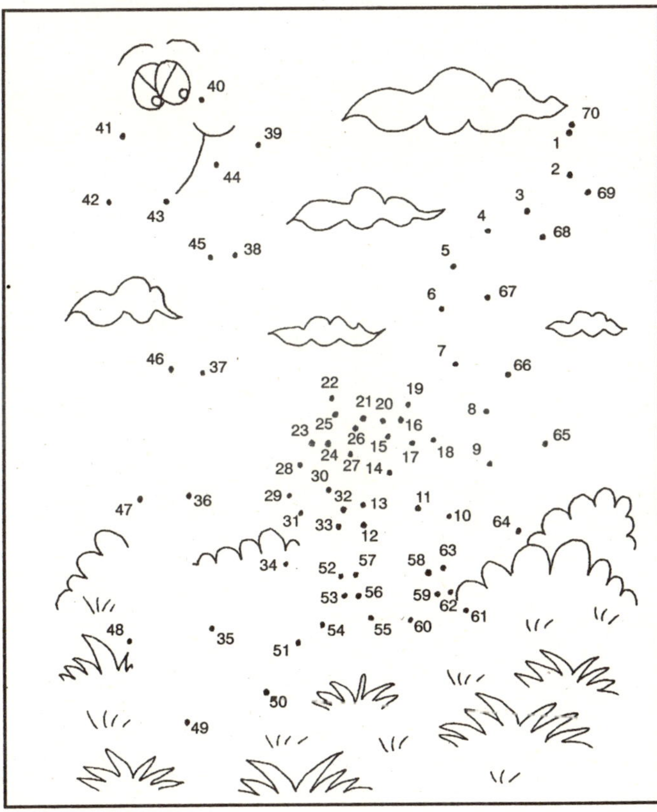

La famille Horreur continue à voler des fleurs et des pommes dans les jardins du voisinage. Madame Horreur met les fleurs dans un beau vase devant la fenêtre, mais après cinq minutes elles disparaissent[1].

Elle fait une bonne tarte aux pommes[2] et la met devant la fenêtre pour la faire refroidir[3] mais elle disparaît aussi.

Mais qui sera donc le responsable?!

1. *disparaître*

2. *tarte aux pommes*

3. *refroidir*

## ACTIVITÉ

✎ **Écris la question selon la réponse donnée.**

*Comment s'appelle la nouvelle famille?*
La famille Terreur.

- Que ............................................................ ?
  Des fleurs et des pommes disparaissent des jardins.
- Comment ................................................ ?
  Il s'appelle Slisli.
- Où ............................................................ ?
  Dans un beau vase.
- Où ............................... Madame Horreur ?
  Devant la fenêtre.
- Où se trouve ........................................ ?
  Au numéro trente.

Les Horreur ne sont pas contents de se trouver dans cette situation.
Ils n'aiment pas leurs nouveaux voisins et décident de déménager[1] vers un autre lieu avec de nouveaux voisins.
C'est ainsi qu'après un terrible mois avec les Terreur ils préparent[2] leurs valises, mettent leurs meubles dans un camion et partent[3].

# ACTIVITÉ

## ✎ Mots croisés.

HORIZONTAL

1. Le père et la ...
2. Petite ville à la campagne.
3. Contraire d'actif.
4. Elle a peur du chat.
5. Moyen de transport pour la famille.

VERTICAL

2. Couleur très forte.
3. Contraire de beau.
4. Mammifère avec de grandes oreilles.
5. Fruit très rouge.
6. La roue de la bicyclette en a beaucoup.

Les habitants sont très heureux et font une fête dans la rue[1] ; ils invitent la famille Terreur. Monsieur Henri explique : " Merci beaucoup pour votre travail. Vous pouvez partir maintenant ! " Imaginez sa surprise quand les Terreur répondent : " Mais on aime bien être ici, nous avons acheté[2] la maison de la famille Horreur ! "

1. *fête dans la rue*

2. *acheter*

## ACTIVITÉ

✎ **Vrai (V) ou faux (F) ?**

| | V | F |
|---|---|---|
| Les habitants sont heureux du départ des Horreur. | ☐ | ☐ |
| La famille Terreur habite au numéro vingt. | ☐ | ☐ |
| Ils font une fête dans le jardin. | ☐ | ☐ |
| Slisli est un petit chat. | ☐ | ☐ |
| Monsieur Henri est le voisin de la famille Terreur. | ☐ | ☐ |
| Les Terreur ont acheté la maison des Horreur. | ☐ | ☐ |
| Monsieur Henri remercie les Terreur. | ☐ | ☐ |
| Les Terreur ont trois enfants et deux chats. | ☐ | ☐ |

Les habitants sont tous terrifiés[1] mais pour les Terreur cela n'a pas d'importance. Ils restent dans la maison et font peur[2] à leurs voisins comme le faisait la famille Horreur.

Les pauvres habitants de Bouzonville ont cru se débarrasser d'une famille horrible mais ils se retrouvent avec une famille terrible !

## ACTIVITÉ

✎ **Que vois-tu dans le dessin ?**
**Complète les phrases.**

Monsieur Henri regarde par la fenêtre.

Madame Horreur .........................................

Hortense et Horace .........................................

Monsieur Horreur .........................................

Grand-père Horreur .........................................

Le chat .........................................

## • LECTEURS EN HERBE • EN COULEURS •

| | |
|---|---|
| Béril | ASTRELIX DANS L'ESPACE |
| Lutun | ZAZAR |
| Moulin | LE COMTE DRACULA |
| Moulin | NESSIE LE MONSTRE |
| Moulin | ROBIN DES BOIS |
| Vincent | LA FAMILLE FANTOMAS |

## • PREMIÈRES LECTURES •

| | |
|---|---|
| Aublin | LE RIFIFI |
| Aublin | MERLIN L'ENCHANTEUR |
| Aublin | SCARAMOUCHE |
| Avi | LE TITANIC |
| Brunhoff | L'ÉLÉPHANT BABAR |
| Busch | MAX ET MAURICE |
| Cabline | VERCINGÉTORIX |
| Capatti | JOUEZ avec la GRAMMAIRE FRANÇAISE |
| Daudet | LA CHÈVRE DE M. SÉGUIN |
| Dumas | LES TROIS MOUSQUETAIRES |
| Dutrois | L'ACCIDENT ! |
| Dutrois | OÙ EST L'OR ? |
| Germain | LE PETIT DRAGON |
| Gilli | MÉDOR ET LES PETITS VOYOUS |
| Grimm | CENDRILLON |
| Grimm | LES GNOMES |
| Hutin | LA MAISON DES HORREURS |
| Hutin | LE PAPILLON |
| La Fontaine | LE LIÈVRE ET LA TORTUE |
| Leroy | LES AVENTURES D'HERCULE |
| Les 1001 Nuits | ALI BABA ET LES 40 VOLEURS |
| Messina | LE BATEAU-MOUCHE |
| Perrault | LE PETIT CHAPERON ROUGE |
| Stoker | DRACULA |

## • PREMIÈRES LECTURES •

| | |
|---|---|
| Arnoux | LE MONSTRE DE LOCH NESS |
| Andersen | LES HABITS DE L'EMPEREUR |
| Flotbleu | D'ARTAGNAN |
| Grimm | HANSEL ET GRETEL |
| Hugo | LE BOSSU DE NOTRE-DAME |
| Laurent | LE DRAGON DORMEUR |
| Laurent | POCAHONTAS |
| Pellier | LE VAMPIRE GOGO |
| Stoker | DRACULA |

## • LECTURES TRÈS FACILITÉES •

| | |
|---|---|
| Aublin | FRANKENSTEIN contre DRACULA |
| Avi | LE COMMISSAIRE |
| Avi | LE TRIANGLE DES BERMUDES |
| Cabline | NAPOLÉON BONAPARTE |
| Capatti | JOUEZ avec la GRAMMAIRE FRANÇAISE |
| Cavalier | LES MÉSAVENTURES DE RENART |
| Ducrouet | NUIT DE NOËL |
| Géren | LE BATEAU VIKING |
| Géren | LE MONSTRE DES GALAPAGOS |
| Germain | LE VAMPIRE |
| Gilli | UN CŒUR D'ENFANT |
| Gilli | PARIS-MARSEILLE VOYAGE EN T.G.V. |
| Hémant | MARIE CURIE |
| Hutin | CARTOUCHE |
| Hutin | LE MYSTÈRE DE LA TOUR EIFFEL |
| Laurent | UN VOLONTAIRE DANS L'ESPACE |
| Leroy | ANACONDA, LE SERPENT QUI TUE |
| Mass | LA CHASSE AU TRÉSOR |
| Mass | OÙ EST L'ARCHE DE NOÉ? |
| Mérimée | LA VÉNUS D'ILLE |
| Messina | GRISBI |

## • LECTURES TRÈS FACILITÉES •

| | |
|---|---|
| Arnoux | BONNIE ET CLYDE • FUITE D'ALCATRAZ |
| Aublin • Wallace | SISSI • BEN HUR |
| Avi • Doyle | PIRATES • LA MOMIE |
| Cabline | LES CHEVALIERS DU ROI ARTHUR |
| Germain • Saino | HALLOWEEN • LE MASQUE |
| Hoffmann | PIERRE L'ÉBOURIFFÉ |
| Hutin | LES COPAINS |
| Pellier | LE REQUIN • HISTOIRES FANTÔMES |
| Perrault • Leroux | BARBE BLEU • FANTÔME de l'OPÉRA |
| Sennbault | MEURTRE SUR LA CROISETTE |

## • LECTURES FACILITÉES •

| | |
|---|---|
| Aublin | RIEN NE VA PLUS ! |
| Beaumont | LA BELLE ET LA BÊTE |
| Capatti | JOUEZ avec la GRAMMAIRE FRANÇAISE |
| Capatti | PEARL HARBOR |
| Daudet | TARTARIN DE TARASCON |
| Dumas | LES TROIS MOUSQUETAIRES |
| Flaubert | MADAME BOVARY |
| Forsce | JACK L'ÉVENTREUR |
| Fraiche | LA BATAILLE D'ALGER |
| Fraiche | LES MYSTÈRES DE LA BASTILLE |
| Gautier | CAPITAINE FRACASSE |
| Géren | LA MOMIE |
| Géren | LES DENTS DE DRACULA |
| Giraud | L'HISTOIRE D'ANNE FRANK |
| Juge | FUITE DE LA CAYENNE |
| Juge | JEANNE D'ARC |
| Malot | SANS FAMILLE |
| Martini | LA CHANSON DE ROLAND |
| Martini | LE ROMAN DE RENART |
| Martini | LE FANTÔME à Chenonceaux |
| Mass | FUITE DE SING-SING |
| Maupassant | BOULE DE SUIF |
| Maupassant | UNE VIE |
| Mercier | CONTES D'AFRIQUE |
| Mercier | L'AFFAIRE DREYFUS |
| Mercier | L'EUROTUNNEL |
| Molière | LE MALADE IMAGINAIRE |
| Mounier | STALINGRAD |
| Pergaud | LA GUERRE DES BOUTONS |
| Perrault | LE CHAT BOTTÉ |
| Rabelais | GARGANTUA ET PANTAGRUEL |
| Radiguet | LE DIABLE AU CORPS |
| Renard | POIL DE CAROTTE |
| Rostand | CYRANO DE BERGERAC |
| Sand | LA MARE AU DIABLE |
| Sand | LA PETITE FADETTE |
| Ségur | MÉMOIRES D'UN ÂNE |
| Terrail | LES EXPLOITS DE ROCAMBOLE |
| Troyes | PERCEVAL |
| Verne | DE LA TERRE À LA LUNE |
| Verne | LE TOUR DU MONDE EN 80 JOURS |
| Verne | 20 000 LIEUES SOUS LES MERS |

## • LECTURES FACILITÉES •

| | |
|---|---|
| Beaumarchais • Fraiche | FIGARO • ROBESPIERRE |
| Beaum • Hugo | BARBIER SÉVILLE • MISÉRABLES |
| Dunsien | LA GUERRE D'INDOCHINE |
| Forsce | RICHARD CŒUR DE LION |
| Fraiche | CHARLEMAGNE |
| Loti • Messina | PÊCHEUR • JOCONDE |
| Mercier • Renard | CONTES • POIL DE CAROTTE |
| Molière | TARTUFFE |
| Saino • Juge | ORIENT EXPRESS • ANDES |
| Ségur • Pergaud | MÉMOIRES ÂNE • GUERRE |

## • LECTURES SANS FRONTIÈRES •

| | |
|---|---|
| Balzac | LE PÈRE GORIOT |
| Béguin | AMISTAD |
| Béguin (SANS CD) | JOUEZ avec la GRAMMAIRE |
| Combat | HALLOWEEN |
| Conedy | COCO CHANEL |
| Diderot | JACQUES LE FATALISTE |
| Dumas | LA DAME AUX CAMÉLIAS |
| Flaubert | L'ÉDUCATION SENTIMENTALE |
| Flaubert | MADAME BOVARY |
| France | LE LIVRE DE MON AMI |
| Hugo | NOTRE-DAME DE PARIS |
| Iznogoud | JACK L'ÉVENTREUR |
| Maupassant | BEL-AMI |
| Messina | JEANNE D'ARC |
| Messina | MATA HARI |
| Messina | NAPOLÉON. L'HISTOIRE D'UNE VIE |
| Molière | L'ÉCOLE DES FEMMES |
| Proust | UN AMOUR DE SWANN |
| Sampeur | RAPA NUI |
| Stendhal | LE ROUGE ET LE NOIR |
| Térieur | LE TRIANGLE des BERMUDES |
| Zola | GERMINAL |
| Zola | THÉRÈSE RAQUIN |

## • AMÉLIORE TON FRANÇAIS •

| | |
|---|---|
| Alain-Fournier | LE GRAND MEAULNES |
| Anouilh | BECKET |
| Balzac | L'AUBERGE ROUGE |
| Balzac | L'ÉLIXIR DE LONGUE VIE |
| Balzac | NAPOLÉON DU PEUPLE |
| Baudelaire | LA FANFARLO |
| Corneille | LE CID |
| Daudet | LETTRES DE MON MOULIN |
| Duras | AGATHA |
| Flaubert | UN CŒUR SIMPLE |
| Gautier | LA MORTE AMOUREUSE |
| Hugo | Le DERNIER JOUR d'un CONDAMNÉ |
| La Fontaine | FABLES |
| Maupassant | MADEMOISELLE FIFI |
| Maupassant | LE PETIT FÛT |
| Molière | L'AVARE |
| Molière | L'AMOUR MÉDECIN |
| Molière | TARTUFFE |
| Molière | LES PRÉCIEUSES RIDICULES |
| Perrault | CONTES |
| Prévost | MANON LESCAUT |
| Rousseau | RÊVERIES DU PROMENEUR SOLITAIRE |
| Simenon | LES 13 ÉNIGMES |
| Stendhal | LES CENCI |
| Stendhal | HISTOIRES D'AMOUR |
| Voltaire | MICROMÉGAS |

## • CLASSIQUES DE POCHE •

| | |
|---|---|
| Baudelaire | LE SPLEEN DE PARIS |
| Duras | L'AMANT |
| Hugo | LA LÉGENDE DU BEAU PÉCOPIN |
| La Fayette | LA PRINCESSE DE CLÈVES |
| Maupassant | CONTES FANTASTIQUES |
| Pascal | PENSÉES |
| Proust | VIOLANTE OU LA MONDANITÉ |
| Racine | PHÈDRE |
| Sagan | BONJOUR TRISTESSE |
| Simenon | L'AMOUREUX DE MME MAIGRET |
| Voltaire | CANDIDE |


IMPRIMÉ EN ITALIE PAR TECHNO MEDIA REFERENCE